Min tvåspråkiga bilderbok
كتابي المصور ثنائي اللغة

Sefas vackraste barnsagor i en volym

Ulrich Renz • Barbara Brinkmann:

Sov gott, lilla vargen · نَمْ جيداً، أيُها الذئبُ الصغيرْ

För barn från 2 år

Cornelia Haas • Ulrich Renz:

Min allra vackraste dröm · أَسْعَدُ أَحْلَامِي

För barn från 2 år

Ulrich Renz • Marc Robitzky:

De vilda svanarna · البجع البري

Efter en saga av Hans Christian Andersen

För barn från 5 år

© 2024 by Sefa Verlag Kirsten Bödeker, Lübeck, Germany. www.sefa-verlag.de

Special thanks to Paul Bödeker, Freiburg, Germany

All rights reserved.

ISBN: 9783756305292

Läsa · Lyssna · Förstå

Sov gott, lilla vargen

نَمْ جيداً، أيُها الذئبُ الصغيرْ

Ulrich Renz / Barbara Brinkmann

svenska　　　tvåspråkig　　　arabiska

Översättning:

Katrin Bienzle Arruda (svenska)

Abdelaaziz Boussayer (arabiska)

Ljudbok och video:

www.sefa-bilingual.com/bonus

Fri tillgång med lösenordet:

svenska: **LWSV2831**

arabiska: **LWAR1027**

God natt, Tim! Vi fortsätter att leta imorgon.
Sov nu så gott!

ليلة سعيدة يا تيم!

غداً سَنُتابعُ البحث. أما الآن فنمْ جيدا!

Det är redan mörkt ute.

لقد حلَّ الظلام.

Vad gör Tim där?

ماذا يَفعلُ تيم هُناك؟

Han går ut till lekplatsen.

Vad är det han letar efter?

إنه خارِجٌ إلى الملعب.
عَنْ ماذا يبحَثُ هُناك؟

Den lilla vargen!

Han kan inte sova utan den.

عَنْ الذئب الصغير!

لأنه لا يستطيع النومَ بدونه.

Vem är det nu som kommer?

مَنْ القَادِمْ؟

Marie! Hon letar efter sin boll.

إنها ماري! تبحث عن كُرَتِها.

Och vad letar Tobi efter?

و عَنْ ماذا يَبحَثُ طوبي؟

Sin grävmaskin.

عن حَفَّارَتِهِ.

Och vad letar Nala efter?

و عَنْ ماذا تَبحَثُ نالا؟

Sin docka.

عن دُميتِها.

Måste inte barnen gå och lägga sig?
Undrar katten.

ألم يَحِنْ وقتْ نَومِ الأطفال؟
تَتَساءَلُ القطة بعجب.

Vem kommer nu?

مَن القَادِم الآن؟

Tims mamma och pappa!
Utan deras Tim kan de inte sova.

أمُ تيم و أبوه!
فهم لا يَستَطِيعونَ النَّومَ بدونِ ابنِهما تيم.

Och nu kommer ännu fler! Maries pappa.

Tobis morfar. Nalas mamma.

و هنالك المزيدُ قادمون!
أبُو ماري. جدُّ طوبي. و أمُ نالا.

Ulrich Renz · Marc Robitzky

De vilda svanarna
البجع البري

Efter en saga av

Hans Christian Andersen

svenska   tvåspråkig   arabiska

Det var en gång tolv kungabarn—elva bröder och en storasyster, Elisa. De levde lyckliga i ett underbart vackert slott.

كان ياما كان في سالف العصر والأوان، كان يوجد ملك لديه اثنى عشر إبناً وإبنة – أحد عشر أميراً وأختهم الكبرى، إليزا. كانوا يعيشون بسعادة في قصر جميل.

En dag dog modern, och efter en tid gifte sig kungen på nytt. Men den nya kvinnan var en elak häxa. Hon förtrollade de elva prinsarna så att de blev svanar och skickade dem långt bort till ett fjärran land bakom den stora skogen.

في يوم من الأيام ماتت الأم، وبعد مدة من الزمن تزوج الملك ثانيةً. الزوجة الجديدة للملك كانت ساحرة شريرة؛ فقد سحرت الأمراء الإثني عشر وحوّلتهم إلى بجع وأبعدتهم إلى بلاد نائية، محاطة بالغابات من كل جوانبها.

Flickan klädde hon i trasor och smörjde in henne med en ful salva i ansiktet så att den egna fadern inte längre kände igen henne och jagade bort henne från slottet. Elisa sprang in i den mörka skogen.

أما الأميرة، فقد ألبستَها الملكة الساحرة رداءاً رثَّاً ولطَّخت وجهها بصباغ قبيح، حتى أنَ أباها الملك لم يعد بمقدوره التعرف عليها، فقام بطردها من القصر. إليزا هربت راكضةً إلى الغابة المظلمة.

Nu var hon helt ensam och längtade efter hennes försvunna bröder med hela sitt hjärta. När det blev kväll bäddade hon en säng av mossa under träden.

أصبحت الأميرة، الآن، وحيدة تماماً وتشعر بشوق شديد من أعماق قلبها الى إخوتها المفقودين. وحين حلَ الليل صنعت الأميرة لنفسها سريراً من الأعشاب والأشنة تحت الاشجار.

Nästa morgon kom hon fram till en lugn sjö och blev förskräckt när hon däri såg sin spegelbild. Men efter att hon hade tvättat sig var hon det vackraste kungabarnet på jorden.

في صباح اليوم التالي واصلت الأميرة سيرها ووصلت إلى بحيرة هادئة، إلى أن ارتعبت حين رأت إنعكاس وجهها على سطح ماء البحيرة، فقامت بغسل وجهها، وعادت مرة اخرى أجمل أميرة تحت الشمس.

Efter många dagar nådde Elisa det stora havet. På vågorna gungade elva svanfjädrar.

بمرور الأيام وصلت الأميرة إلى البحر الكبير، حيث كانت إحدى عشرة ريشة من ريش البجع تتأرجح على الأمواج.

När solen gick ner hördes ett sus i luften och elva vilda svanar landade på vattnet. Elisa kände genast igen sina förtrollade bröder. Men för att dom talade svanspråket kunde hon inte förstå dem.

أثناء غروب الشمس تناهت أصوات في الأجواء، وعلى أثرها هبط أحد عشر بجعاً برياً على الماء. على الفور أدركت إليزا أنهم أشقاؤها الأحد عشر. ولأنهم يتحدثون فقط لغة البجع، لم تستطع أن تفهم كلامهم.

På dagen flög svanarna bort, under natten kurade syskonen ihop sig i en grotta.

En natt hade Elisa en besynnerlig dröm: Hennes mor sade till henne hur hon kunde befria sina bröder. Av nässlor skulle hon sticka en skjorta för varje svan och dra den över den. Men tills dess får hon inte tala ett enda ord, annars måste hennes bröder dö.
Elisa började genast med arbetet. Trots att hennes händer sved som brända med eld stickade hon outtröttligt.

أثناء النهار كان البجع يطير بعيداً، وليلاً يحتضن الأخوة بعضهم بعضاً في الكهف.

في إحدى الليالي حلمت إليزا حلماً غريباً فيه: رأت أمها تخبرها فيه،كيف تفكَّ السحر عن إخوتها، حيث يجب عليها أن تحيك قميصاً صغيراً من نبات القرّاص لكل بجعة، وأن تلق به عليها. لكن لا يتوجب عليها أن تنطق بكلمة واحدة، إلى أن تنهي المهمة؛ وإلّا فسيموت إخوتها.
على الفور بدأت إليزا بالعمل وعلى الرغم من لسعات نبات القرّاص الحارقة ليديها إلّا أنها واظبت على الحياكة دون كللٍ أو ملل.

En dag ljöd jakthorn i fjärran. En prins kom ridande med sitt följe och stod snart framför henne. När de såg in i varandras ögon blev de förälskade i varandra.

في أحد الأيام تناهت أصوات أبواق الصيد من البعيد إلى مسامعها. ظهر أمير بصحبة حاشيته، وعلى الفور أسرع الأمير إلى المثول أمامها. وبمجرد رؤيتهما لبعضهما وقعا في الحب.

Prinsen lyfte upp Elisa på sin häst och red med henne till sitt slott.

قام الأمير بوضع إليزا على حصانه وتوجه بها إلى قصره.

Den mäktige skattmästaren var allt annat än glad över ankomsten av den stumma vackra. Hans egen dotter skulle bli prinsens brud.

وزير الخزانة القوي فور أن رأى البكماء الجميلة أصبح أبعد مايكون عن السعادة. إبنته كانت العروس المرتقبة للأمير.

Elisa hade inte glömt sina bröder. Varje kväll fortsatte hon att arbeta med skjortona. En natt gick hon ut till kyrkogården för att hämta färska nässlor. Samtidigt blev hon hemligt iakttagen av skattmästaren.

إليزا لم تنس إخوتها. مساء كل يوم كانت تقوم بمواصلة حياكة القمصان. في إحدى الليالي ذهبت إلى المقبرة لجلب بعض نبات القرّاص الطري وكان وزير الخزانة يراقبها سراً.

Så snart som prinsen var på en jaktutflykt lät skattmästaren slänga Elisa i fängelsehålan. Han hävdade att hon var en häxa som mötte andra häxor på natten.

وحين كان الأمير في إحدى رحلات الصّيد، رمى وزير الخزانة إليزا في السجن. حيث ادّعى بأنها ساحرة شريرة تلتقي ليلاً بساحرات أخريات.

I gryningen blev Elisa hämtad av vakterna. Hon skulle brännas på torget.

وفي مطلع الفجر أقتيدت إليزا من قبل الحراس كي يتم إحراقها في ساحة المدينة.

De hade knappast kommit fram när plötsligt elva vita svanar kom flygande. Snabbt drog Elisa en nässelskjorta över var och en. Snart stod alla hennes bröder framför henne som människofigurer. Bara den yngsta, vars skjorta inte hade blivit helt färdig, behöll en vinge istället för en arm.

وبمجرد أن وصلت إليزا هناك، حتى حامت فجأة إحدى عشرة بجعة بريّة بيضاء. وبسرعة رمت إليزا على كل واحدة منها قميصاً معمولاً من نبات القرّاص. وعلى الفور وقف إخوتها أمامها على هيأتهم البشرية. فقط الأخ الأصغر، لم يكن قميصه قد اكتمل تماماً، فبقيت إحدى ذراعيه جناحاً.

Syskonens kramande och pussande hade inte tagit slut än när prinsen kom tillbaka. Äntligen kunde Elisa förklara alltihopa. Prinsen lät den elake skattmästaren slängas i fängelsehålan. Och sedan firade de bröllop i sju dagar.

Och så levde de lyckliga i alla sina dagar.

تواصلت القبلات والأشواق بين الإخوة حتى بعد عودة الأمير. وأخيراً استطاعت إليزا أن تسرد للأمير كل حكايتها. ألقي الأمير الوزير الشرير في السجن، واستمرت الأفراح والليالي الملاح طوال سبعة أيام.

ولو لم يكن الموت قدراً محتوماً لكانوا عاشوا إلى يومنا هذا.

Hans Christian Andersen

Hans Christian Andersen was born in the Danish city of Odense in 1805, and died in 1875 in Copenhagen. He gained world fame with his literary fairy-tales such as „The Little Mermaid", „The Emperor's New Clothes" and „The Ugly Duckling". The tale at hand, „The Wild Swans", was first published in 1838. It has been translated into more than one hundred languages and adapted for a wide range of media including theater, film and musical.

Barbara Brinkmann föddes i München (Tyskland) år 1969. Hon studerade arkitektur i München och arbetar för närvarande vid Institutionen för Arkitektur vid München tekniska universitet. Hon arbetar också som grafisk formgivare, illustratör och författare.

Cornelia Haas föddes 1972 nära Augsburg (Tyskland). Efter utbildningen som skylt- och ljusreklamtillverkare studerade hon design vid Münster yrkeshögskola och utexaminerades som diplom designer. Sedan 2001 illusterar hon barn- och ungdomsböcker, sedan 2013 undervisar hon i akryl- och digitalmålning vid Münster yrkeshögskola.

Marc Robitzky, born in 1973, studied at the Technical School of Art in Hamburg and the Academy of Visual Arts in Frankfurt. He works as a freelance illustrator and communication designer in Aschaffenburg (Germany).

Ulrich Renz föddes 1960 i Stuttgart (Tyskland). Efter att ha studerat fransk litteratur i Paris tog han läkarexamen i Lübeck och var chef för ett vetenskapligt förlag. Idag är Renz frilansförfattare, förutom faktaböcker skriver han barn- och ungdomsböcker.

Gillar du att måla?

Här kan du hitta bilderna från berättelsen för färgläggning:

www.sefa-bilingual.com/coloring

www.ingramcontent.com/pod-product-compliance
Lightning Source LLC
LaVergne TN
LVHW070445080526
838202LV00035B/2741